Rolf G. Orfgen

Selbstbestimmt

leben ...

Selbstbestimmt

sterben ...

Würdevoll

sterben ...

Text	Rolf G. Orfgen
Grafische Gestaltung und Titelbild	Rolf G. Orfgen, K.P. Semler Paderborn
Druck	BoD Books on Demand Norderstedt

1. Auflage

Printed in Germany
ISBN 978-3-9820441-1-8

One day, baby, we´ll be old,
oh baby, we´ll be old,
and think of all the stories
that we could have told.

Eines Tages, Baby, werden wir alt sein
oh Baby, werden wir alt sein
und an all die Geschichten denken,
die wir hätten erzählen können.

Julia Engelmann aus „Eines Tages, Baby"

Für die, die mich verstehen …

Nur nicht

Das Leben
wäre vielleicht einfacher
wenn ich dich
gar nicht getroffen hätte

Weniger Trauer
jedes Mal
wenn wir uns trennen müssen
weniger Angst
vor der nächsten
und übernächsten Trennung

Und auch nicht soviel
von dieser machtlosen Sehnsucht
wenn du nicht da bist
die nur das Unmögliche will
und das sofort
im nächsten Augenblick
und die dann
weil es nicht sein kann
betroffen ist
und schwer atmet

Das Leben
wäre vielleicht einfacher
wenn ich dich
gar nicht getroffen hätte
Es wäre nur nicht
mein Leben

Erich Fried aus „Gedichte von der Liebe"

Inhalt

Vorwort

Der Tod ist ein Thema, welches uns alle früher oder später betrifft. Die meisten Menschen verdrängen dieses Thema jedoch! Manche schieben sogar die Abfassung eines Testaments hinaus, weil sie denken, sie kämen dann ihrem Todestag näher!

Vor wenigen Monaten bin ich 71 Jahre alt geworden.

Seit vielen Jahren beschäftigt mich das Ende meines Lebens.
Aber nicht nur meines, auch deines.

Selbstbestimmt und würdevoll, so soll mein Leben enden.
Aber nicht nur meines, auch deines.

Und deshalb habe ich in diesem Buch Begebenheiten niedergeschrieben, die mir wichtig sind.

Vieles, was ich geschrieben habe, trage ich schon lange in mir herum, vieles habe ich gelesen. Hierzu gibt es auch Hinweise auf Bücher und Texte auf der letzten Seite dieses Buches. Auch viele Berichte im *World*

Wide Web waren hilfreich und trugen zur Abrundung bei. Trotzdem schließe ich nicht aus, bestimmte Dinge nicht berücksichtigt zu haben.

Mir geht es um Menschlichkeit, um Menschenrechte, um Vielfalt und um Würde.

Es ist ein sehr persönliches Buch. Ich habe es in vollem Ernst geschrieben.

Vielleicht ist nicht jeder mit meinen Worten einverstanden, das kann ich nicht erwarten.

Zufrieden bin ich aber, wenn der Inhalt meines Buches zum Nachdenken anregt.

Paderborn, Dezember 2018

**Grundgesetz der
Bundesrepublik Deutschland**

I. Die Grundrechte

Artikel 1

(1) Die Würde des Menschen ist unantastbar. Sie zu achten und zu schützen ist Verpflichtung aller staatlichen Gewalt.

(2) Das Deutsche Volk bekennt sich darum zu unverletzlichen und unveräußerlichen Menschenrechten als Grundlage jeder menschlichen Gemeinschaft, des Friedens und der Gerechtigkeit in der Welt.

(3) Die nachfolgenden Grundrechte binden Gesetzgebung, vollziehende Gewalt und Rechtsprechung als unmittelbar geltendes Recht.

Artikel 2

(1) Jeder hat das Recht auf die freie Entfaltung seiner Persönlichkeit, soweit er nicht die Rechte anderer verletzt und nicht gegen die verfassungsmäßige Ordnung oder das Sittengesetz verstößt.

(2) Jeder hat das Recht auf Leben und körperliche Unversehrtheit. Die Freiheit der Person ist unverletzlich. In diese Rechte darf nur auf Grund eines Gesetzes eingegriffen werden.

Artikel 3

(1) Alle Menschen sind vor dem Gesetz gleich.

(2) Männer und Frauen sind gleichberechtigt. Der Staat fördert die tatsächliche Durchsetzung der Gleichberechtigung von Frauen und Männern und wirkt auf die Beseitigung bestehender Nachteile hin.

(3) Niemand darf wegen seines Geschlechtes, seiner Abstammung, seiner Rasse, seiner Sprache, seiner Heimat und Herkunft, seines Glaubens, seiner religiösen oder politischen Anschauungen benachteiligt oder bevorzugt werden. Niemand darf wegen seiner Behinderung benachteiligt werden.

Willi

Onkel Willi, der Mann von Tante Minna, war der erste Mensch, den ich am letzten Tag, bevor er starb, noch besuchte. Ich war damals noch nicht in der Schule. Onkel Willi war eines der zehn Geschwister meines Vaters. Onkel Willi und Tante Minna hatten keine Kinder. Und weil das so war, bekam ich in jedem Jahr entweder zu meinem Geburtstag oder zu Weihnachten einen bunten Brummkreisel, der im Rheinland „Dilldopp" genannt wurde.

An der Hand meiner Mutter war ich mit ihr durch die halbe Stadt gelaufen, um die beiden zu besuchen. Meine kurzen Beine taten mir schon weh. Jetzt noch die Treppe hoch, und wir waren angekommen. Warum wir dorthin mussten, hatte mir meine Mutter nicht erzählt. Ich wusste nur, dass mein Vater, von seiner Arbeit kommend, auch noch Onkel Willi besuchen wollte. Da es im ganzen Haus – mangels eigener Kinder – kein Spielzeug gab, stand für mich immer eine große Kiste mit vielen Knöpfen bereit. Tante Minna hatte früher in einer Knopffabrik gearbeitet. Mit einer feinen Feder wurden eingeprägte Vertiefungen in den Knöpfen ausgemalt. Ausschussware landete in besagter Knopfkiste. Jedenfalls machte es mir damals große Freude, die unterschiedlichsten Knöpfe nach Form und Farbe zu sortieren. Versunken saß ich auf dem Fußboden und spielte, bis meine Mutter mich an der Hand nahm und mit Tante Minna und mir das Schlafzimmer betrat. Ich erinnere mich noch daran, dass die Vorhänge zugezogen waren, dass es dort dunkel war und nicht gut roch. Mein Onkel lag abgeschieden und alleine dort. In der ganzen Zeit, in der wir da waren, hatten wir uns nicht um ihn gekümmert. Als meine Tante ihn darauf aufmerksam machte, dass ich anwesend sei, hörte ich nur ein komisches Röcheln, meinen Namen hörte ich nicht. Als ich an das Bett trat, um meinen geliebten Onkel anzufassen, zog meine Mutter hastig meine kleinen Hände zurück! Anfassen durfte ich ihn nicht! Am nächsten Tage sagte man mir, Onkel Willi sei in der Nacht gestorben. Die erste Beerdigung, die ich erlebte, fand ich seltsam. Da gab es eine Rede des Pfarrers, einen langen Weg von der Friedhofskapelle zu einem tiefen Loch, in das dann sechs merkwürdig gekleidete Männer eine Holzkiste herunterließen. Nachdem der Sarg unten war, hielt der Pfarrer am Kopfende des Grabes stehend eine weitere Predigt und ein letztes Gebet. Dabei fuchtelte er so sehr mit seinen Armen, dass er sich die Brille von der

Nase wischte. Mit lautem Gepolter landete die Brille auf dem hölzernen Sarg. Ich fand das sehr lustig! Nachdem nun jeder Sand, ein Tannensträußchen oder Blumen auf den Sarg geworfen hatte, gingen wir alle zusammen in eine Gaststätte zum „Reuessen". Nachdem alle Platz genommen hatten, regten sich viele über den ungeschickten und von vielen auch nicht gemochten Pfarrer auf! Irgendjemand hatte beobachtet, dass, nachdem die Trauernden abgezogen waren, eine Leiter herabgelassen worden war, um die Brille des Pfarrers zu bergen. Man sprach von der Störung der Totenruhe oder so. Ich weiß noch, dass ich das schrecklich fand, als man mir erzählte, dass Onkel Willi nun in der Holzkiste liegen würde. Tags darauf ging ich mit meinem Vater zu dem Grab und sah, dass das Loch zugeschüttet war und viele Kränze darauf lagen. Ich weiß noch, dass ich mir nicht vorstellen konnte, wie Onkel Willi Luft bekommen sollte. Zumindest meine Eltern waren nicht in der Lage, mir das ganze Prozedere zu erklären. Ich wurde aufgefordert nicht zu viele Fragen zu stellen, ich würde das später schon verstehen. Meine junge Seele war verletzt. Ich konnte damals schon nicht verstehen, wie man zuerst total traurig sein kann, in der Kneipe aber sofort wieder lustig wird, Geschichten und Witze erzählt, Kuchen isst und sofort danach Schnaps trinkt.

Das Wort „Reuessen“ finde ich ebenso schrecklich wie „Leichenschmaus“. Zuerst dachte ich, die Leiche würde gegessen, bis ich erfuhr, dass das gemeinschaftliche Speisen ein verbreitetes Ritual aus vorgeschichtlicher Zeit war. Ich denke, alle, die sich versammelten, waren froh, dass sie nicht in dem großen Loch lagen und noch essen und trinken konnten. Die Geschichten, die erzählt wurden, fand ich, soweit ich mich noch erinnern kann, lustig. Ob das, was gesprochen wurde, Onkel Willi alles so recht gewesen wäre, weiß ich nicht

Jedenfalls fand ich es später sehr bitter, dass mein Lieblingsonkel an seinem vorletzten Tag alleine in dem dunklen Zimmer lag und wir uns nebenan normal verhielten. Später habe ich mich oft gefragt, ob er nicht traurig war, dort so alleine zu liegen, während um ihn herum alles normal weiterging.

Ist er würdig gestorben?

Barbara

Meine Großmutter Barbara wohnte im Erdgeschoss des Hauses, in dem ich geboren wurde und bis zu meinem 16. Lebensjahr auch lebte. Das Haus wurde verkauft. Mein Opa Peter war schon lange tot, an sein Sterben kann ich mich nicht erinnern. In der letzten Zeit ihres Lebens lebte Barbara bei der Tochter, die unbedingt den Verkaufserlös meines Geburtshauses für ein eigenes Haus benötigte. Als meine Großmutter pflegebedürftig wurde, landete sie, ohne Absprache mit der restlichen Familie, in einem Alten- und Pflegeheim.

Wenn ich sie besuchte, fand ich sie oft in einem großen Aufenthaltsraum. Dort saß sie im Rollstuhl, neben vielen anderen Mitbewohnern, vor einem – damals noch sehr kleinen – Fernseher. Farbe hatte der noch nicht. Alle schauten sich die flimmernden Bilder an. Der Ton war abgedreht! Die Bewohner fragten sich gegenseitig: „Hörst du was?" Das wurde kollektiv verneint, manche fummelten am Schieber des Hörgerätes. Ich stand auf und suchte eine Schwester. Ich sprach sie an:
„Hallo Schwester, wären Sie so lieb, und würden Sie den Ton am Fernseher etwas lauter stellen?"

Sie schaute mich an und sagte:
„Der Ton ist ausgeschaltet, die Bewohner sind oft schwerhörig, wir müssten den Ton sehr laut einstellen, aber das stört und ist uns zu laut, wenn wir hier hin und her laufen! Außerdem sind alle mit den Bildern zufrieden!"
„Aber die fragen sich doch gegenseitig, ob andere etwas verstehen!", entgegnete ich.
„Dann ist das eben so", entgegnete sie und verschwand. Damals war ich noch zu jung, um mich zu beschweren. Ich ging in den Raum zurück und stellte die Lautstärke so ein, dass man etwas verstand. Kurz danach begleitete ich meine Oma in ihr Zimmer. Als ich zurückkam, war der Ton wieder abgedreht.

Mein letzter Besuch bei meiner Großmutter war für mich ernüchternd! Sie erkannte mich nicht mehr! Sie lag wohl schon seit Wochen im Bett und wurde nur noch gewindelt und künstlich ernährt. Meine Oma wollte nie in ein Heim. Das ganze Umfeld im Altenheim war desillusionierend.

Im Versprechen, zu Hause sterben zu können, gab sie einer ihrer Töchter das Geld für deren Haus!

Da war nichts Würdevolles ...
Selbstbestimmt gestorben ist meine Großmutter auch nicht ...

Alfred

Leider habe ich die letzten Wochen meines Vaters nicht erlebt. Schon lange Zeit war meine Beziehung zu meiner Mutter gestört. Meinen Vater hatte ich manchmal alleine aus dem Haus gelockt und war mit ihm zum Fußballspiel ins Kölner Stadion gefahren, wo ich Dauerkarten für meine Kundschaft und mich besaß.

Mein Vater war als „Kriegsbeschädigter" aus dem Krieg heimgekehrt, seine linke Hand war in Russland geblieben. Meine Mutter hatte nun die Vorherrschaft in der Familie. Mein Vater war zum Geldverdiener reduziert. Kaum etwas machte er richtig. Er konnte naturgemäß auch nicht mehr seine geliebte Geige spielen oder seine Schuhe zubinden. Immer wieder hieß es: „Du kannst das nicht!" So kleingemacht, wurde er auch immer kleiner.

Er wusste mittlerweile sehr gut über die Nadelstärken von Mutters Strickzeug Bescheid. Mich machte das sehr traurig. Was habe ich alles versucht? Außer einem Doornkaat nach einem fetten Essen trank mein Vater nichts. Wenn er einmal ein Bier trank, bekam er gleich Kopfschmerzen. Schade, ich glaube, ich hätte mich gerne einmal mit ihm betrunken und vielleicht so etwas von seinen Ängsten im Krieg erfahren.

Jedenfalls erhielt ich einen Anruf von meiner Mutter, dass mein Vater gestorben sei. Ich wusste noch nicht einmal, dass er sehr krank war. Ich war gerade 41 Jahre alt geworden, mein Vater ist im 78. Lebensjahr gestorben. Als ich sein Schlafzimmer betrat, lag er in einem Zusatzbett, das unmittelbar vor den Kleiderschrank gestellt war. Meine Mutter erklärte, er sei im Ehebett immer sehr unruhig gewesen, weshalb sie bei der Caritas oder so ein Bett mit seitlichen Gitterstäben geordert habe. Dort lag nun mein Vater, irgendwie gefangen! Meine Mutter erzählte noch, dass mein Vater immer wieder gebeten habe, sie solle doch mal die Mitteltür des Kleiderschranks aufmachen. Mein Vater wolle sehen, wer oder was darin sei. Das sei nun durch die Stellung des Bettes nicht möglich gewesen. Nun muss ich noch erwähnen, dass mein Vater oft eifersüchtig war. Er dachte wohl, dass seine Frau, aufgrund seiner Behinderung, etwas mit anderen Männern hätte. Ob die wohl im Schrank waren? Bemerken muss ich, dass meine Mutter eher asexuell war. Wenn ich mir den letzten Kampf um die Öffnung des

Schrankes vorstelle, werde ich heute noch sehr zornig ...

Hartherzig wie sie sein konnte, erfüllte sie meinem Vater diesen Wunsch nicht. Es wäre so einfach gewesen!

Waren seine letzten Wochen und Tage würdevoll ...?
Ganz sicher nicht, ebenso war sein Leben niemals selbstbestimmt!

Elisabeth

Als ich eine Zeit lang im Ausland lebte, wurde meine Mutter nach vielen Stunden auf dem Teppich der „Bettumrandung" sitzend gefunden. Sie war in der Nacht gestürzt. Hätte der in der Wohnung unter ihr lebende Hund nicht ihr Wimmern bemerkt, wäre sie vielleicht dort gestorben. Immer wieder hatte ich ihr empfohlen, den auf einem Teppich zusätzlich aufgelegten Teppichläufer zu entfernen, weil dort jeder stolperte. Aber der eigene Wille ist der eigene Wille! So kam meine Mutter ins Krankenhaus. Der Arzt bescheinigte ihr, dass sie nicht mehr alleine leben könne, und so kam sie gegen ihren Willen in ein Alten- und Pflegeheim in der Nähe!

Meine Tochter, eine diplomierte Sozialpädagogin, hat sich – nach Ablösung des Vormundschaftgesetzes im Jahre 1992 – für die Tätigkeit der Berufsbetreuerin entschieden. Der zuständige Richter des Amtsgerichtes übertrug meiner Tochter die Betreuung ihrer Großmutter. Sie wickelte das gesamte Prozedere des Auszugs aus der Wohnung, der Auflösung des Haushalts, des Übergangs in das Heim ab und erledigte alle notwendigen Formalitäten. Dafür bin ich ihr heute noch sehr dankbar.

Weil ich mich für meine Mutter verantwortlich fühlte, bewarb ich mich – nach der Rückkehr von meinem Auslandsaufenthalt – beim Amtsgericht für die Betreuung meiner Mutter, die man mir gerne übertrug. Nun erlebte ich erstmalig die Abläufe in einem Heim. Viele Schwestern und Pfleger waren freundlich und bemüht. Aber wenn man viele Menschen mit unterschiedlichen Krankheiten und Behinderungen zu versorgen hat, geht schon mal das eine oder andere unter.

Irgendwie warten immer alle auf irgendetwas. Am schlimmsten ist, wenn es pressiert und niemand da ist, um einen zum WC zu begleiten. Da denkt das Personal, ist ja nicht so schlimm, der Bewohner trägt ja eine Windel. Wir wissen alle vom Windeln unserer Babys, wie sich so ein „Geschäft" verbreiten kann! Ist das nicht unwürdig? Angenehm für die pflegende Person ist das auch nicht! Aber es ist verständlich! Wenn wir uns die fehlenden Zehntausende von Pflegekräften nicht leisten wollen, werden solche und andere Vorgänge täglich tausendfach passieren. Tausendfache Schmach! Und dann wirst du im Pflegebad mit dem Schlauch wie in einer Waschanlage abgespritzt, bis du sauber bist. Ich muss das so deutlich sagen, damit es auch im letzten Hirn ankommt! In meinem Kapitel „Selbstbestimmt sterben", gehe ich noch auf weitere Situationen und Wünsche ein.

Ich habe meine Mutter besucht, wahrscheinlich nicht oft genug! Ich gestehe, dass es mich jedes Mal deprimiert hat, sie und die anderen dort zu sehen. Wir haben ihre Geburtstage im Heim gefeiert. Meine Frau und meine Kinder waren dabei, oft auch Freunde und Partner der Kinder. Oft traten auch Teile des Kirchenchors auf. Weihnachten, Ostern, aber auch Sommerfeste wurden gefeiert. Aber ich habe sie auch zu den Ärzten begleitet, deren Verrichtungen nicht im Heim selbst erfolgen konnten.

Da das Programm es so vorsah, mussten alle früh aufstehen. Und weil es im Zimmer langweilig war, rollte meine Mutter schon eine halbe Stunde, bevor es Frühstück gab, zu den anderen in den Frühstücksraum. Mehr oder weniger apathisch wartete man nun darauf, dass es etwas zu essen gab. Wenn ich mal früh da war, sah ich meine 90-jährige Mutter wie ein kleines, autistisches Kind mit den Zuckertütchen spielen. Das war für mich kaum auszuhalten.

Und dann kam ihr Ende. Zwei Wochen vorher war ich noch bei ihr gewesen. Es gab einen Virus auf der Station, als Schutzmaßnahme wurden die Personen isoliert, eine Quarantäne wurde verhängt. In dieser Zeit starb meine Mutter! Alleine, einfach so in der Nacht, ohne mich, ohne meine Kinder, einfach alleine, nur mit dem Personal. Ich erhielt einen Anruf, ich solle besser nicht kommen, wenn ich meine Mutter so in Erinnerung behalten wolle, wie sie zuletzt war. Den Arzt und den Bestatter hatte man schon informiert. Ich habe auf den Rat gehört, heute würde ich das nicht mehr tun.

Ist sie würdig gestorben ...?
Ganz sicher nicht!
Jedenfalls war niemand bei ihr!
Wie wohl die meisten, alleine ...!

Heidi

Als meine Frau und ich in Düsseldorf lebten, lernten wir unsere liebe Freundin Heidi kennen. Heidi war eine sehr gut aussehende Frau mit einer wunderschönen Frisur, Ähnlichkeiten mit der Haarpracht von Tina Turner waren unverkennbar. Heidi war Inhaberin eines geschmackvoll eingerichteten Blumengeschäfts in Düsseldorf. Sie besaß einen sicheren Instinkt für die jeweils angesagten Blumen und Gewächse. Donnerstags trat Heidi im ZDF auf, um ihre Blumenarrangements vorzustellen. Vom kleinen Veilchen bis zur außergewöhnlichen, manchmal exotischen Blumenpracht zeigte sie alles, was das Floristenherz höherschlagen lässt und das Floristenhandwerk zu bieten hatte. Darüber hinaus verband sie Wohnaccessoires und Schmuck mit frischen Blumen und regte ein verändertes Ambiente an.

Heidi war beliebt bei den Redakteuren und Kameraleuten im ZDF, erst recht bei den Zuschauern, das bewies ihre Fanpost. Heidi besuchte uns auch, als wir im Ausland lebten. Sie brachte ihre ganze Erfahrung ein, um unser großes Grundstück zu verschönern. Auch der Brautstrauß meiner Frau und den gesamten Hochzeitsschmuck erschuf sie mit den ihr eigenen künstlerischen Fähigkeiten.

Gerne waren wir mit Heidi zusammen. Wenige Tage, bevor sich ihr Leben änderte, war sie auf der Messe in Frankfurt, anschließend bei uns zu Hause. Unsere Freundin lebte alleine und hatte keine Kinder. In Düsseldorf lebten ihre 85-jährige Mutter und ihr Bruder. Wir sprachen lange über notwendige Patienten- und Betreuungsverfügungen, damit ihr Bruder im Notfall handeln konnte. Am nächsten Tag habe ich meine Patientenverfügungen für Heidi umgeschrieben und ihr per Mail zugesandt. Sie brauchte sie nur auszudrucken und zu unterschreiben. Aber in Düsseldorf angekommen, ging es gleich wieder ins eigene Geschäft, das eigentlich Notwendige wurde hintangestellt – leider! Gleichzeitig war das der erste Monat, an dem sie Rente bezog. Das war aber nur eine Zusatzeinnahme, den Laden wollte sie nie aufgeben.

Und dann gab es den besonderen Tag, der alles änderte! Um neun Uhr morgens klebte sie einen Zettel an die Ladentür, dass sie in einer Stunde zurück sei. In der angrenzenden Schneiderei gab sie Bescheid, dass sie starke Kopfschmerzen habe, aber noch kurz auf den Blumengroßmarkt müsse, um Blumen für den morgigen Fernsehauftritt zu besorgen. Sie stieg ins Auto und fuhr los. Ihre letzte Handlung. Sie beschädigte auf dem Parkplatz fünf Autos. Als man sie aus dem Wagen zog, dachten einige, dass die Frau im Auto betrunken wäre. Als der Rettungswagen sie ins Krankenhaus brachte und man sie untersuchte, wurde festgestellt, dass ein Aneurysma im Gehirn gerissen war. Ausgehend davon, waren schon zum Zeitpunkt der Untersuchung 70 Prozent des Gehirns abgestorben.

Heidi wurde in eine Seniorenresidenz verlegt und lag dort in einem Einzelzimmer im Wachkoma. Als meine Frau und ich sie besuchten, lag in einem Bett hinter Bettgittern eine alte Frau, die nichts mehr von der früheren Schönheit und Strahlkraft hatte. Sie war nicht mehr die Heidi, die wir kannten. Man hatte ihren Kopf kahl geschoren und den Kopf geöffnet. Die wunderschöne Haarpracht war verschwunden. Sie nahm uns nicht mehr wahr. Sie, die uns immer so euphorisch begrüßte, wenn wir sie besuchten. Wenn man ihr nun die Hand gab, spürte man nichts! Sie sah, sofern man das „sehen" nennen kann, durch einen hindurch, auch Bewegungen nahm sie nicht wahr.

Ihre Mutter fuhr trotzdem jeden Tag mit dem Taxi von ihrem Altenheim zu dem Heim, wo ihre Tochter lag. Sie setzte sich jahrelang bis zu ihrem letzten Lebenstag an Heidis Bett und las ihr vor! Sie hoffte wohl immer noch, dass Heidi wach werden würde – ein unmenschlicher Liebesdienst! Heidis Bruder konnte, aufgrund fehlender Vollmachten, nichts regeln. So lag unsere liebe Freundin fünf Jahre in einem komaähnlichen Zustand im Bett, wurde künstlich ernährt, gewindelt und gedreht, damit sie sich nicht wund lag.

Es geht nicht um das Monetäre, aber hier möchte ich es doch einmal anführen.
Diese fünf würdelosen, nicht selbstbestimmten Jahre kosteten die Krankenversicherung etwa 400.000 €.

Margarete

Margarete, meine Schwiegermutter, wohnte fast ihr ganzes Leben in einem kleinen Dorf in Hessen, in der Nähe von Marburg. Aufgrund diverser Hüftoperationen war sie nie wirklich schmerzlos, weder im Hüftbereich noch im Rücken. So ein Schmerz kann auch den dem Leben immer zugewandten Menschen mürbe machen! Jedenfalls halfen Spritzen und Tabletten oft nicht mehr.

Meine Frau und ich waren im Urlaub, als uns ein Anruf erreichte, dass Margarete in der Klinik im Koma liegen würde. Wir brachen unseren Urlaub ab und fuhren ins Krankenhaus.

Was war geschehen? Margarete, der Schmerzen überdrüssig, hatte einige Schlaftabletten zu viel genommen und war eingeschlafen. Da sie aber in dem Dorf ein offenes Haus führte und jeder sie jederzeit besuchen konnte, steckte auch nach dieser Nacht der Haustürschlüssel draußen auf der Tür. Der erste Morgenbesucher klingelte. Als sich nichts tat, ging er ins Haus. Er sah Margarete tief schlafend und nicht wach werdend im Bett liegen. Er rief einen in der Nähe wohnenden Sohn an. Der wiederum rief seinen Bruder an. Am Bett stehend, sah man die leere Schlafmittelpackung und beratschlagte, was zu tun sei. Sollte man den schon öfter gehörten Wunsch, vor Schmerzen nicht mehr leben zu wollen, akzeptieren? Ging das, aufgrund der aufmerksamen Nachbarn, überhaupt? Konnte man sie einfach liegen und sterben lassen? Wenn man nichts tat, wurde man dann wegen unterlassener Hilfeleistung angeklagt? War man dann ein Mörder?

Jedenfalls siegte die „Vernunft". Der Rettungswagen brachte Margarete in die Klinik. Als meine Frau und ich dort ankamen, lag Margarete – noch immer im Koma – auf der Intensivstation. Nach mehreren Stunden intensiver Streicheleinheiten meiner Frau wurde Margarete zornig wach und sagte eindeutig, dass sie sterben wolle. Da die Ärzte das mitbekamen, wäre sie normalerweise unter Betreuung gestellt und psychiatrisch behandelt worden. Mit großer Mühe konnte meine Frau erreichen, dass sie die Betreuung übernehmen durfte. Wir überzeugten Margarethe, ihr Haus aufzugeben und von uns begleitet und betreut zu werden. Sie war damit einverstanden. Das tägliche Einerlei war ihr zu beschwerlich geworden.

Jedenfalls nahmen wir Margarete mit nach Wiesbaden. In der Straße, in der wir damals wohnten, gab es ein Seniorenwohnheim. Dort bezog sie ein schönes Einzelzimmer mit Blick über den Kurpark. Ihr kleines Dorfhäuschen wurde verkauft. Der Erlös diente fortan, mit der eingehenden Rente, zur Begleichung der monatlichen Unterbringungskosten. Die Schmerzen wurden mit einem dauerhaften Morphium-Pflaster gelindert. Die Lebensfreude kehrte kurzfristig zurück, Margarethe konnte uns mithilfe eines Rollators sogar besuchen.

Das Seniorenheim war ein sehr großes achtgeschossiges Gebäude mit langen Fluren, von denen die einzelnen Zimmer abgingen. Wenn man auf den Flur trat, war man alleine. Man sah keine Menschenseele. Zu bestimmten Zeiten kam Personal, reinigte die Zimmer oder brachte das Essen. Margarete fühlte sich dort nicht wohl. Irgendwann verlegten wir sie in ein anderes Heim mit einem anderen Konzept – dort gab es Leben auf dem Flur, man nahm die Nahrung gemeinsam in einem Speiseraum ein.

Als wir umzogen, nahmen wir Margarethe selbstverständlich wieder mit. Seit Jahren konnte sie allenfalls mal für eine Stunde im Rollstuhl sitzend etwas für ihren Kreislauf tun, sonst lag sie im Bett. Meine Frau war die Einzige im gesamten Heim, die tagtäglich zu Besuch kam. Ablesen konnte man das an den wenigen Parkplätzen, die trotzdem nicht belegt waren.

In den letzten Wochen ihres Lebens reichte oft das Morphium-Pflaster nicht mehr aus. Der Arzt verschrieb in den letzten Tagen ihres Lebens Morphium zum Spritzen. Als ich das Rezept einlösen wollte, ging das nicht. Man sagte mir, das sei nicht erlaubt. Das dringend benötigte Mittel wurde erst Stunden später von einer Apothekenhelferin dem Heim gegen Quittung übergeben. Gesetzlich geregelt ist, dass Morphium nicht an Privatpersonen übergeben werden darf.

Während wir warteten, wimmerte Margarethe vor Schmerzen und litt unnötig! Der Arzt weigerte sich, die Dosis der Spritze zu erhöhen, weil dann die Atmung aussetzen würde. Eine Frage von Tun und Unterlassen?! Worauf sollte Margarethe warten, auf weitere Schmerztage? Irgendwann war es dann so weit. Kurz bevor wir sie wieder besuchen wollten, kam der Anruf, dass Margarethe gestorben sei. Trotz täglichem Einsatz war es leider nicht gelungen, in den letzten Stunden bei ihr zu sein! Als wir eintraten, lag sie mit einer Blume in der Hand auf dem Bett, das Fenster war geöffnet, die Seele war schon fort!

Die letzten Jahre waren vielfältig. Es gab gute Tage, jedoch keine schmerzfreien. Öfter war sie wegen diverser Dinge im Krankenhaus. Der Weg zum Zahnarzt war nicht mehr möglich. Diese Art der Behandlung war kompliziert, insbesondere wenn es um Anpassung und Unterfütterung des Gebisses ging. Da gingen Tage hin. Da wurde Püriertes gegessen! Vieles hätten wir ihr gerne erspart. Vieles ist ihr auch erspart geblieben. In den Heimen ist man schnell dabei, Verantwortungen an ein Krankenhaus zu übertragen – das kann man verstehen. Einige Male konnte meine Frau jedoch, aufgrund der uns übertragenen Patientenverfügung, verhindern, dass Margarethe wieder zu einer Operation in ein Krankenhaus eingeliefert wurde. So konnten wir manches verhindern, anderes durchsetzen, mussten uns aber auch anhören, wir wären verantwortungslos und wie wir das mit unserem Gewissen vereinbaren könnten. Margarethe wollte vieles nicht, oft hat sie sich Kanülen aus der Haut gerissen.

Wir haben auch über verschiedene Formen der Bestattung gesprochen. Eine Bestattung in einem normalen Sarg hat Margarethe immer abgelehnt. Sie wollte nicht, dass die Angehörigen ein Grab pflegen müssten. Sie meinte immer, Blumen solle man zu Lebzeiten verschenken! Wir haben uns auch über eine Seebestattung informiert. Zuerst war das ihr Favorit, dann meinte sie irgendwann, sie wäre nie gerne auf dem Meer gewesen.

Wir haben ihren letzten Wunsch erfüllt. Nun liegt sie in unserer Nähe, auf einem mit schönen, gewaltigen Bäumen bestandenen Friedhof. Die Urne ist in der Erde, zu Füßen eines mächtigen Baumes, eingegraben. Der Baum steht auf einem Hügel. Ein schöner Platz!

Selbstbestimmt ...?
Würdevoll ...?

Selbstbestimmt leben

Dass ich auf der Welt bin, dafür kann ich nichts. Sicher bin ich meinen Eltern dankbar, dass ich lebe. Seit ich auf der Welt bin, achte ich auf mich. Seitdem ich denken kann, bin ich selbstbestimmt! Warum soll sich das am Ende meines Lebens ändern? Ich bin christlich aufgewachsen, habe aber das uneingeschränkte Recht der Religionsmündigkeit mit Erreichung meines 14. Lebensjahres ausgeübt und meinen Austritt aus der Kirche erklärt, weil ich mit dem „Bodenpersonal" nicht einverstanden war. Mit 18 Jahren ließ ich mich – aufgrund eines von einem Rechtsanwalt formulierten Antrags – vor dem zuständigen Amtsgericht für volljährig und ehemündig erklären!

Nur so konnte ich mit meinem damals schon guten Einkommen einen Kredit bei einer Bank bekommen. Ich habe dann mein Geburtshaus gekauft, zwei Wohnungen umgebaut, erweitert und endlich Bäder und Heizung eingebaut. Ich hatte damals schon einen eigenen, starken Willen. Mit 18 Jahren war ich schon Vermieter, mit 19 Jahren Ehemann, mit 21 Jahren Vater einer Tochter! Mit 31 war ich selbstständiger Unternehmer mit etlichen Mitarbeitern.

Später habe ich das Unternehmen verkauft und ein Planungsbüro eröffnet.

Mein zweites Kind, ein Sohn, kam auf die Welt, eine Scheidung folgte, aber auch eine neue Liebe, eine zweite Hochzeit, ein zweijähriger Aufenthalt im Ausland! Und immer war ich selbstbestimmt!

Mal ehrlich!
Warum soll sich das **ändern???**

Wieso kann die Gesetzgebung, hinsichtlich meines Todeszeitpunktes, über mich bestimmen?
In meine Freiheit gemäß (2) aus Artikel 2 des Grundgesetzes wird aufgrund eines Gesetzes eingegriffen.
Warum?
Wer verantwortet dieses Gesetz?
Die Kirche?
Politiker, die es sich mit niemand verderben wollen?
Die Moralphilosophie, die Ethik?
Welche Verfügungsmöglichkeit räumt mir die geistliche und die weltliche Obrigkeit ein?

„Niemand kann für dich tun, was du für dich selbst tun kannst“, schreibt Jorge

Bucay in seinem Buch *Selbstbestimmt leben.*

Jeder sollte sich auf den eigenen Weg machen und eine eigene Persönlichkeit entwickeln. Unsere Eigenständigkeit, unsere Art, unsere Ausstrahlung, unsere Macken, unsere Form, mit Schmerz, Verlust, Liebe und Glück umzugehen, sind das, was uns ausmacht! Wichtig sind „eigene" Glaubenssätze, ist es, eigene Fesseln abzulegen. Dazu gehört auch, sich nicht von Besitz und Geld steuern zu lassen. Der wahre Wert liegt in einem selbst.

Wenn man sich mit selbstbestimmtem Leben beschäftigt, scheint der gesunde Mensch fast ausgeblendet. Man findet im Netz viel häufiger Hinweise zu Interessensvertretungen behinderter Menschen.

Selbstbestimmt zu leben, sollte für jeden eine Selbstverständlichkeit sein! Die Verwirklichung eigener Träume ist wichtig, niemand sollte die Träume der Eltern oder der Freunde leben. Ich kenne eine junge Frau, die Stewardess wurde, weil ihrer Mutter dieser Beruf aufgrund der Körpergröße seinerzeit nicht möglich war. Zufrieden ist sie in „ihrem" Beruf nicht geworden und hat sich dann auch bald von Mutters

Traum gelöst. Ein weiteres Beispiel aus meinem Umfeld war ein Kind, das von der Mutter schon im Alter von vier Jahren diversen Filmproduktionen angeboten wurde, obwohl das Kind ebenso wenig hübsch war wie die Mutter. Telefonrechnungen von mehr als 15.000 DM im Monat waren nicht die Ausnahme.

Für ein Leben in Selbstbestimmung ist es wichtig, sich kennenzulernen, einen Lebenssinn zu finden, eigene Talente zu entdecken, vielleicht den Traumberuf zu finden, Ziele zu visualisieren, Menschen zu suchen, die zu einem selbst passen, auch mal „Nein" zu sagen und viel zu lesen! Lesen kann Herz und Augen öffnen, einen berühren und das Leben beeinflussen!

Selbstbestimmt sterben

Umfragen verschiedener Institute zeigen, dass etwa 70 Prozent der Deutschen möchten, dass es dem Arzt erlaubt ist, einen unheilbar kranken Menschen zu erlösen, wenn er dies **möchte**.

Politik, Kirchenvertreter und Verbände der Ärzteschaft setzen sich seit vielen Jahren über Volkes Anliegen hinweg. Letztlich wurde 2015 im Bundestag wieder gegen den Menschen, gegen Selbstbestimmung entschieden.

Es geht nicht um Mord, nicht um Tötung, es geht um Erlösung! Niemand soll den Tod aktiv befördern, das ist sicher für Ärzte und Anverwandte sehr schwer. Aber ein Getränk bereitzustellen, das Erlösung bringt, muss erlaubt und möglich sein.

Es geht um Legalisierung der Sterbehilfe, es geht um Humanität, es geht nicht um eine Sterbeindustrie! Der Tod oder das Sterben darf nie ein Geschäft sein!

Ich für mich gehe darüber hinaus! Ich möchte nicht in ein Altenheim! Ich möchte auch nicht in einer Pflegestation leben müssen! Ich möchte auch nicht in einer

Palliativklinik sterben! Ich möchte nicht wochenlang, monatelang, jahrelang in solchen Einrichtungen herumliegen!

Ich kann in diesem Falle nur für mich sprechen: Ich hatte ein gutes Leben! Ich habe immer sehr schön und großzügig gewohnt. Auch konnte ich mir die Autos erlauben, die ich gerne fahren wollte. Von der Welt habe ich nur Ausschnitte gesehen. Aber mehr habe ich anscheinend nicht gewollt, mehr war mir wohl nicht wichtig! Meine Arbeit hat mich immer befriedigt. Ich habe mich um meine Mitarbeiter gesorgt, und wie man mir sagte, war ich kein schlechter Chef. Meine Kinder sind lebenstüchtig, beide auch in ihren jeweiligen Berufen selbstständig und können ihre Zukunft selbst gestalten. Ich habe sie vor langer Zeit aus meiner Fürsorge entlassen können. Ich habe meine erste Ehe ohne Streit beendet. Jeder bekam am Ende die Hälfte. Ich habe mir nichts vorzuwerfen. Wir haben damals vor der Scheidung alles versucht, es ist nicht gelungen.

Und das war gut so. Wir hatten uns einfach auseinanderentwickelt. Meine neue Ehe hat mich noch mehr erfüllt und wachsen lassen, sonst hätte ich nicht vor 20 Jahren angefangen zu malen. Seit knapp zwei Jahren schreibe ich Bücher, derzeit entsteht mein elftes Buch.

Ich kann heute gehen und die Welt verlassen! Sicher würde ich gerne noch so vieles erleben, was die kommende Zeit bringt! Sicher würde ich gerne noch meine Frau, Kinder und Freunde begleiten. Sicher würde ich gerne wissen, was die Zukunft so technisch bringt! Würde ich in naher Zukunft mit meinem Auto fliegen können? Gerne würde ich noch erleben, dass die Menschen besser auf unseren Planeten aufpassen und den Frieden finden etc.

Die demografische Entwicklung verändert auch die Sterbeprozesse. Man vermutet, dass z. B. eine Zunahme der Demenzerkrankungen vom „Älterwerden" der Menschen abhängt. Da Frauen eine höhere durchschnittliche Lebenserwartung haben, sterben die meisten Frauen als Witwe, während die meisten Männer bei ihrem Tod verheiratet sind. Das bedeutet somit, dass die meisten Frauen Sterben und Tod des Partners erleben.

Immer noch stirbt jeder Zweite im Krankenhaus, in einer technisierten Umgebung, vielleicht alleine in einem Einzelzimmer oder neben wildfremden Menschen in einem Dreibettzimmer! Vielleicht in der Nacht, vielleicht einfach so nebenbei!

Die meisten Menschen möchten aber gerne zu Hause sterben, in der eigenen Umgebung. Vielleicht im Beisein des Ehepartners oder der Kinder oder in Anwesenheit lieber Freunde. Wer ist so unmenschlich, das oft nicht zu gestatten? Wenn ich krank bin, vielleicht das alles, was auf mich zukommen würde, nicht mehr will, wie angenehm wäre es für mich, in meiner Wohnung, in meinem Zimmer zu liegen, mich sicher und geborgen zu fühlen, letzte Gespräche zu führen, eine oder mehrere vertraute Hände zu fühlen, vielleicht noch einen letzten Kuss zu bekommen und dann meinen Abschiedstrunk zu nehmen. Für mich wäre das sehr schön!

Zur Menschenwürde gehört es für mich auch, selbst zu entscheiden, wann ich aufhöre zu essen und zu trinken! Immer vorausgesetzt, die Entscheidung fällt autonom, bei klarem Verstand oder nach einer getroffenen Regelung in der Patientenverfügung.

In der Ausgabe Nr. 6 vom 03.02.2014 berichtete der Spiegel über „den modernen

Tod" und hält ein Plädoyer für ein Sterben in Würde.

Am Anfang liest man einen Bericht über ein Video, in dem eine alte Dame aus den Niederlanden zu sehen ist, die ruhig und entspannt eine Schale mit Joghurt löffelt. Sie wirkt fast heiter. Am folgenden Morgen ist sie tot. Was war geschehen?

Vor einem Gericht erklärte der Stiefsohn, er habe seiner Mutter, auf ihren ausdrücklichen Wunsch hin, beim Sterben geholfen. Dazu habe er 125 Pillen in den Joghurt gerührt, Schlafmittel, Brechmittel und dazu noch Malaria-Medikamente von einem Aufenthalt in Afrika.

Das Video belegt, dass es der ausdrückliche Wunsch der 99-jährigen Dame war, sterben zu wollen. Sie war geistig klar, nicht krank, litt nicht unter unerträglichen Schmerzen, sie war nicht einmal bettlägerig. Sie war einfach nur alt, weshalb ihre Hausärztin ihr auch die Sterbehilfe verweigerte. Sie wollte aber einfach nicht mehr leben. Warum soll eine lebenssatte, uralte Dame nicht sterben dürfen, wenn es ihr Wunsch ist?

Vor Gericht äußerte der Staatsanwalt Verständnis für den Angeklagten. Die Richter blieben mit ihrem Urteil noch unter der – ohnehin milden – Bewährungsstrafe. Sie sprachen den Stiefsohn zwar schuldig – verhängten aber keine Strafe!

Das rief dann mal wieder die Sterbehilfegegner auf den Plan. Sie sahen ihre schlimmsten Befürchtungen bestätigt. Sie befürchteten, dass, wenn man beginnt, das Tötungsverbot zu lockern, sich dann die Grenzen immer weiter verschieben würden. Man glaubt, dass am Ende eine Gesellschaft steht, in der jeder jeden umbringen darf, der irgendwann einen Sterbewunsch äußert.

Im Zeitalter von Reanimation, künstlicher Beatmung etc. sehen immer weniger Menschen den Tod als ein Lebensende, das von Gott bestimmt wird. Der Tod geschieht nicht mehr einfach so, er wird durch Entscheidungen des medizinischen Fortschritts bestimmt.

Viele moderne Menschen haben heute eine eigene Agenda, sie bestimmen, wann sie sich fortpflanzen, bestimmen den Zeitpunkt der Kaiserschnittgeburt, denken über die Größe ihrer Brüste oder Nasen nach, warum sollen sie nicht auch über ihren eigenen Tod nachdenken?

Ich glaube, die Sterbehilfegegner kann man in zwei Kategorien einteilen. Die einen treten für eine vertretbare christliche Einstellung auf, die man akzeptieren muss. Die anderen haben große Ängste, weil sie befürchten, dass man sie „entsorgen" möchte, vielleicht weil sie im Leben „Kotzbrocken" waren oder es etwas zu vererben gibt. Wenn aber die Gesetze eindeutig wären und man, wie ich es in meinem Brief an die Politiker formuliert habe, mit klarem Kopf eine Entscheidung fällt, die von Anwalt, Notar und Richter bestätigt werden muss, entfallen diese Ängste!

Seit dem 19. Jahrhundert ist der Suizidversuch in Deutschland nicht mehr strafbar. Ein Bundesgericht in der Schweiz entschied im Jahre 2006, dass der Suizid ein Menschenrecht ist! Zum Selbstbestimmungsrecht der Europäischen Menschenrechtskonvention gehört auch das Recht, über Art und Zeitpunkt des eigenen Lebens zu entscheiden.

Der Tod ist Privatsache! Er ist das Allerpersönlichste! Viele sagen: „Wenn ich zum Pflegefall werde, bringe ich mich um!" Und dann? Wie denn? Dieser Hilferuf geht in den meisten Fällen ins Leere. Da ist niemand, der hilft! Den Ärzten ist aktive Sterbehilfe verboten. Der normale Mensch erhält in der Apotheke kein Mittel zum eigenen Freitod. Was bleibt, ist der Schuss in den Kopf, sofern man Gewehr oder Pistole besitzt, oder der Sprung vom Hochhaus oder vor den einfahrenden Zug, oder, oder

Ich kenne einen Fall, da ist ein verzweifelter Mensch in einem Parkhaus von oben in einen Schacht gesprungen! Hätte ein Passant das nicht gesehen, hätte man ihn nie gefunden. Im untersten Geschoss musste man eine Wand aufbrechen, um ihn tot zu bergen. Was hätten Frau und Kinder gedacht, wenn der Vater nie mehr auftaucht? Welch ein Albtraum! Wie viele Menschen nehmen diesen oder einen ähnlichen Weg? Wie hoch ist die Dunkelziffer?

Mit Stand von 02/2018 werden in Deutschland über 13.000 Menschen im In- und Ausland vermisst! Menschen, die einfach verschwinden, morgens noch zu Hause waren, abends nicht mehr nach Hause kommen. Sind es Schulden, Krankheiten, Überforderungen etc.? Wir wissen es nicht. Vielleicht bringen sich Menschen irgendwo in einem fürchterlichen Umfeld um!? Das müsste so nicht sein! Wenn man sich entschließen würde, dem Menschen die Freiheit zu geben, über das Ende seines Lebens selbst zu bestimmen, wäre mancher würdelose Tod nicht notwendig!

Manche befürchten, dass auf alte, kranke Menschen ein Druck entsteht, den Angehörigen nicht zur Last zu fallen. Der Suizid darf nicht als Behandlungsvariante angeboten werden. Aber für den selbstbestimmten Menschen, der diese Entscheidung lange überlegt und entschieden hat, muss das möglich sein. Ich glaube, dass viele, die gegen die Selbstbestimmung sind, aus eigenen Ängsten argumentieren, wenn jemand sagt, man wolle eventuell den Tod der Großmutter nach seinen eigenen Urlaubsplänen ausrichten, ein Unsinn! Das sind Unterstützer einer konservativen Klientel, die die Freiheit des Einzelnen beschneiden!

Ich bin der Mensch und Vater, der die Kinder am Beginn ihres Lebens begleitet hat! Ich möchte nicht am Ende meines Lebens von meiner Tochter, meinem Sohn oder deren Lebensgefährten gepflegt und gewindelt werden!

Es gibt die verzweifelten Angehörigen, die versuchen zu helfen, indem sie vielleicht Medikamente weglassen oder überdosieren, die keine Hilfe bekommen und vielleicht zusätzliche und unnütze Schmerzen aus Unkenntnis hervorrufen. Vieles bleibt oft unentdeckt, auch weil in stillem Einverständnis zwischen Arzt und Umfeld geschwiegen wird. Manch ein Arzt, der seinen Patienten seit Jahrzehnten betreut und kennt, ist auch bereit, den Willen des Menschen zu unterstützen. Man spritzt ein starkes Opiat, wie Morphium, und nimmt in Kauf, dass die Atmung aussetzt. Ich hoffe, dass ich einen solchen Arzt mit Verständnis für meine Situation finde.

Oft geht es auch nicht darum, sofort zu sterben, erzählte mir ein Mensch, der palliativ tätig ist. Es geht um die Möglichkeit, eine Situation beenden zu können, die unerträglich scheint. Es geht um Begleitung auf dem letzten Weg!

Traurig und entsetzt war ich über den ehemaligen Intendanten Udo Reiter. Tage, bevor er sich in seinem Haus erschoss, sah ich ihn noch im Fernsehen. An den Rollstuhl gefesselt, hat er all die Dinge aufgezählt, die er und ich nicht wollen. Er hat über die Gesetze geklagt, die ihn nicht würdig und selbstbestimmt sterben lassen. Bei den meisten seiner Sätze habe ich applaudiert. Und dann ... kam die Nachricht ... Es ist zum Heulen.

Dem bekannten SPD-Politiker Müntefering, der ein flammendes Plädoyer gegen die Sterbehilfe gehalten hat, widerspreche ich vehement! Es geht nicht um „helfen und sich helfen lassen“, für mich geht es auch nicht um die „eleganteste Abschiedszeremonie auf Knopfdruck“!

Dafür ist das Thema zu komplex. Das ist nichts, was man mal gerade so entscheidet! Das ist ein langer Weg, eine lange Beschäftigung mit sich selbst, seiner Selbstbestimmung und seiner Würde!

Wie soll die notwendige Pflege überhaupt geschehen? In unserem Land fehlen nicht nur Hebammen, sondern auch geschätzte 30-40.000 Pflegekräfte in Krankenhäusern und Alten- und Pflegeheimen. Diejenigen, die heute dort arbeiten, sind erschöpft, verärgert und enttäuscht. Erfahrene Kollegen kündigen, weil das Pensum nicht mehr zu schaffen ist. Selbst Auszubildende kündigen, nachdem sie die Ausbildung abgeschlossen haben, und treten erst gar nicht in den Berufsstand. Viele sagten mir, dass sie während der gesamten Schicht weder gegessen noch getrunken hätten. Manche berichten, dass sie noch nicht einmal Zeit hätten, die Toilette aufzusuchen. Das Personal hetzt, insbesondere im schlecht besetzten Nachtdienst, von Zimmer zu Zimmer und macht nur das Nötigste. Trotz vor Schmerzen wimmernder Patienten ist das Personal oft nicht in der Lage, sich zügig um die Verabreichung eines Schmerzmittels zu kümmern.

Zeit für liebevolle Zuwendungen, die vielleicht manchen Schmerz lindern würden, gibt es nicht! Zudem wird der Beruf als zunehmend unattraktiv empfunden, nicht zuletzt wegen zu geringer Entlohnung. Und dann glauben die Politiker, uns sagen zu dürfen: Werde in Ruhe alt, das ist nicht schlimm, wir sorgen für dich, du wirst gut gepflegt werden, wenn Schmerzen kommen, habe keine Angst, wir helfen dir! Ja, wie denn? Manchmal wünscht man sich, die Ablehner der selbstbestimmten „Erlösung" in ihren Betten jammern zu sehen – aber das hilft uns nicht!

Angebote an Sterbenskranke offeriert sogar das Bundesministerium für Gesundheit. Trotz deutlicher Veränderungen in der medizinischen Versorgung, in Hospiz-

Neubauten und Verbesserungen des Palliativgesetzes ist jedoch zu beachten, dass Ärzte und ihre Verbände sowie die Pharmaindustrie am Endstadium des Menschen prächtig verdienen!

Ist die Politik in ihren Entscheidungen frei, wenn rund 6.000 Lobbyisten sich um 709 Bundestagsabgeordnete scharen?

Ich würde gerne das Grundgesetz in Artikel 1 ändern, es müsste heißen:

Die Würde des Menschen ist, auch in seinem Recht auf einen freiwillig gewünschten Tod, unantastbar.

Brief an die Politik

Mit selbstbestimmtem Sterben setze ich mich schon lange auseinander. Im Jahr 2014 lebte ich in Wiesbaden und kam auf die Idee, Gleichgesinnte zu finden. Auf meine Anzeige in der Tageszeitung meldeten sich leider nur Wenige. Die Wenigen, die kamen, haben sich immer wieder mal getroffen. Alle kannten angeblich Menschen, die genauso dachten wie wir, kamen aber nie zu unserer Versammlung.

Ich hatte mir vorgestellt, samstags vor dem Landtag mit einem Transparent zu stehen, das unsere Forderungen deutlich machte! Irgendwann, dachte ich, standen so viele hinter mir, dass die Politiker auf uns aufmerksam würden. Da hatte ich mich sehr getäuscht! Übrig blieb ein von mir formuliertes Schreiben an den Bundespräsidenten, die Kanzlerin, die Ministerpräsidenten, den Oberbürgermeister, die Parteien, diverse Redaktionen, ausgewählte Bundestagsabgeordnete, aber auch die Vereinten Nationen, Human Rights Watch und die Europäische Union in Brüssel.

Auszüge aus dem Brief vom Februar 2014:

Sehr geehrter Herr Bundespräsident,

wir – die Unterzeichner – sind mündige Bürger und möchten das Ende unseres Lebens selbst bestimmen.

Wir wissen, dass das Sterbe-Thema in Deutschland – aufgrund unserer Geschichte und der Gräuel der Naziherrschaft – sehr schwierig ist.

Selbstverständlich haben wir Patientenverfügungen, Vorsorgevollmachten, Betreuungsverfügungen erstellt, hinterlegt und unsere letzten Wünsche klar definiert!

Unsere Ehepartner, Kinder und Freunde kennen unsere Meinung zum selbstbestimmten Sterben aus diversen Gesprächen und Diskussionen!

Wir machen uns diese Angelegenheit nicht leicht und kennen unsere Verantwortung!
Wir alle haben im Laufe unseres Lebens unsere Eltern, Schwiegereltern und Freunde erlebt, die unter teilweise unwürdigen Bedingungen in Seniorenzentren, Altenheimen die letzten Jahre verbracht haben und noch verbringen!

Wenn man im Leben immer für sich selbst verantwortlich gehandelt, vielleicht eine Firma geführt hat und für Mitarbeiter verantwortlich war, möchte man auch im Alter ein würdiges Ende finden!

Einige Beispiele mögen das verdeutlichen:

Wer möchte schon gerne von (fremdem) Pflegepersonal gewaschen, gewindelt und ins Bett gebracht werden?

Wer will denn, obwohl er lieber im Bett bliebe, frühmorgens aus dem Bett verbannt, auf den Topf gesetzt, vielleicht mit falschen Kleidungsstücken gekleidet, in den Speisesaal (sofern man ihn so nennen kann) geschoben werden, nur weil der Dienstplan keine Individualität mehr vorsieht?

Es gibt im Laufe eines Heimtages vier mögliche Highlights: Frühstück, Mittagessen, Nachmittagskaffee und Abendessen.
Leider nichts Erfreuliches!
Eigene Kantinen sind seltener geworden, meistens liefern bereits vormittags, zwei Stunden vor dem Mittagessen, spezielle Caterer Essen in Wärmecontainern an, leider mittags nicht mehr wirklich warm, dafür aber schon klein geschnitten, oft püriert - aber auch für die Bewohner, die noch eigene Zähne haben und noch kauen können.

Und wer will schon jeden Tag irgendwelchen Kuchen oder abends (nicht mehr frisches) Brot essen, das mit minderwertigem Bierschinken oder Fleischwurst belegt ist?

Keines der Essen ist ein Highlight!

Das, worauf man sich anfangs freute und wenigstens Abwechslung im Tageseinerlei versprach!

Betrachtet man sich die Kosten der Unterbringung, wie Investitionskosten, Pflegekosten, Ausbildungsumlage, Unterkunft, Betreuungspauschale und Verpflegung, so stellt man fest, dass der Betrag für die Verpflegung nur etwa acht Prozent ausmacht – das sind dann 8–9 €/Tag für vier Mahlzeiten!
Glauben Sie mir bitte, so ist und schmeckt das Essen auch!
Wer will abends um 18.00 Uhr Abendbrot essen, obwohl es vielleicht zu früh ist!

Wer will spätestens um 19.30 Uhr im Bett liegen, weil der Dienstplan so aufgestellt ist?

Wer rollt den Bewohner zur Toilette, wenn es pressiert, aber gerade Essensausgabe ist? Aber was soll es, der Mensch hat ja (vielleicht) eine Windel an.

Jeder, der den Ablauf kennt, will das alles nicht, nur eine Demenz macht das Leben im Heim für den Bewohner erträglich, nicht jedoch für den Anverwandten, den macht das traurig!

Wir alle kennen unsere Tränen (und das schlechte Gewissen), wenn wir das Elend unserer Eltern und Freunde sehen, die aus welchen

Gegebenheiten auch immer im Heim leben und den nicht immer organisierten Ablauf ertragen müssen!

Wir kennen alle unsere Tränen und die Tränen unserer Eltern und Freunde, wenn wir sie verlassen müssen um in unsere „heile Welt" zurückkehren – insbesondere an Weihnachten!

Wer kennt nicht die Abgesonderten, die im Heim auf den Flur geschoben werden, weil sie gerade stören, rumschreien, Schreckliches von sich geben, mit offenem Mund, ohne Zähne würdelos herumliegen und vielleicht vor Schmerzen wimmern!

Und wann kommt der Arzt?
Nicht, wenn er kommen müsste, sondern beim nächsten Routinebesuch – vielleicht in ein paar Tagen oder einer Woche?!

Deshalb bitten wir Sie, in den entsprechenden Veranstaltungen, Gremien, in den Ministerien, in den Landtagen, im Bundestag etc. darauf hinzuwirken, dass die derzeit noch gültigen Gesetze geändert werden!

Zum Altwerden gehört verdammt viel Mut!

Und wer das nicht glaubt, kann jederzeit ein Heim besuchen – aber nicht angemeldet, mal gerade so und nicht als Politiker, der sich mal informieren möchte – das ist nicht die echte Welt!

Hier sind unsere Wünsche und Forderungen:

- *Wir möchten (vielleicht) gar nicht ins Heim!*

- *Wir möchten selbstbestimmt, zu einem von uns gewählten Zeitpunkt, sterben dürfen!*

- *Wir möchten nicht, dass Gesetze unseres Landes verbieten, sterben zu dürfen!*

- *Wir möchten weder in der Schweiz noch in den Niederlanden oder Belgien sterben!*

- *Wir möchten unser Leben nicht in die Hände von Sterbegesellschaften geben!*

- *Wir möchten auch keine Sterbehelfer suchen müssen, die eine Sterbebegleitung vornehmen!*

- *Wir möchten im Kreise unserer Partner, Familie oder Freunde sterben!*

- *Wir möchten im gesunden Zustand, im Vollbesitz unserer geistigen Kräfte mit einem Notar oder Anwalt und Arzt unseres Vertrauens eine Festlegung treffen, damit wir zum Zeitpunkt unseres Sterbewunsches die notwendige Medizin erhalten, die wir selbst einnehmen wollen!*

- *Wir, die Mitglieder der Initiative, sind derzeit gesund, wir haben keine Todessehnsüchte, wir wollen alle noch lange leben, wir waren vielleicht noch nicht einmal im Krankenhaus, wir haben vielleicht noch alle Organe, wir sind kei-*

ne Selbstmörder, aber wir wollen nicht nur unser Leben, sondern auch unser Ableben selbst in die Hand nehmen!

- *Wir wünschen uns, dass auch Politiker, die ähnlich denken und fühlen, den Mut besitzen – trotz unserer unsäglichen Geschichte – Gesetze zu schaffen, die nicht erst den Todkranken brauchen, damit Sterbehilfe möglich ist!*

- ***Uns geht es um unsere WÜRDE!***

Wir freuen uns auf Ihre Antwort!

Gerne nehmen wir auch an Diskussionen teil!

– Unterschrift –

Nun war ich auf Antworten gespannt. Bald trafen die ersten Briefe ein. Natürlich schrieben nicht der Bundespräsident, die Bundeskanzlerin, die Parteivorsitzenden! Post kam von den „Postbearbeitern". Man machte es sich einfach, man verwies mich an das Bundesministerium für Gesundheit oder an das Bundesministerium für Justiz und Verbraucherschutz. Oft hatte ich das Gefühl, der Brief war nicht gelesen worden.

Gerade das, was ich erreichen wollte, dass sich viele mit der Thematik auseinandersetzen und etwas ändern sollten, verpuffte! Da ging es um den Wertekonflikt und Lebensschutz, humanes Sterben, kontroverse Diskussionen, medizinischen Fortschritt, der das Leben verlängert und ein schmerzfreies Ende verspricht.

Vom Bundesministerium für Gesundheit bekam ich einen vierseitigen belehrenden Brief über das verbürgte Lebensschutzgebot und darüber, dass eine aktive Tötung nicht hinzunehmen ist. Einigen Antworten musste ich vehement widersprechen. Leider war diese Aktion umsonst, irgendwann habe ich aufgegeben. Der Tenor der meisten Antworten war: „Gott hat das Leben gegeben, Gott soll es auch beenden!"

Damit bin ich nicht einverstanden!

In dem Zusammenhang fällt mir ein, dass alle Schwestern und Pfleger in Alten- und Pflegeheimen, mit denen ich gesprochen habe, unisono die Auffassung vertreten, niemals selbst in einem solchen Heim sterben zu wollen! Komisch, nicht?

Die Überlebenden, das heißt wir alle, müssen eine neue Sterbekultur erlernen. Wir müssen wieder mit dem Tode umgehen lernen, den Tod ins Haus holen. Beim Sterben dabei sein!

Dem Menschen beim Sterben zuzuschauen, ist sicher nicht einfach. Aber wir entlassen ihn mit Liebe und Empathie! Da geht es auch erst mal nicht um uns! Da braucht jemand liebevolle Begleitung in seiner letzten Stunde. Einfach machen wir es uns, auf einen Anruf zu warten, der uns vom Tod eines Anverwandten, Bekannten oder Freundes berichtet.

Patientenverfügung

In meiner Patientenverfügung sind klare Wünsche definiert. Sollte ich infolge einer schweren Krankheit, eines Unfalls oder eines Altersgebrechens nicht in der Lage sein, bewusste Entscheidungen zu treffen und meinen Willen nicht mehr klar und unmissverständlich zu äußern, soll Nachstehendes gelten:

Maßnahmen, die darauf hinauslaufen, mein Leben zu verlängern, sollen nur dann eingeleitet werden, wenn eine berechtigte Aussicht besteht, dass eine eigene Persönlichkeitsgestaltung möglich ist.

Ich möchte kein Pflegefall werden und nicht in einem Heim in körperlicher oder psychischer „Umnachtung" leben.

Medizinische Maßnahmen sollen unterbleiben, wenn eindeutig festgestellt ist, dass ich mich in einem Sterbeprozess befinde, bei dem jede lebenserhaltende Therapie das Sterben oder Leiden ohne Aussicht auf Besserung verlängern würde.

Medizinische Maßnahmen sollen unterbleiben, wenn medizinisch eindeutig festgestellt ist, dass keine Aussicht auf Wiedererlangung des Bewusstseins besteht oder dass aufgrund von Krankheit oder Unfall ein schwerer Dauerschaden im Gehirn zurückbleibt.

Meine körperliche und geistige Unversehrtheit ist mir wichtig, und ich bitte, das bei jeder Entscheidung zu respektieren.

Sollte ich ins Koma fallen, bitte ich, spätestens nach sechs Wochen sämtliche lebenserhaltenden Geräte abzuschalten.

Ich möchte in KEINEM Fall in ein Alten- oder Pflegeheim. Auch wenn ich meine Umwelt, Ehefrau, Kinder nicht mehr erkenne, dement werde oder gefüttert werden muss oder nicht mehr eigenständig meine Notdurft verrichten kann, bitte ich, meinen Willen wie folgt zu erfüllen:
Sofern sich die Gesetze in Deutschland nicht ändern, bitte ich darum, mich in die Schweiz zu fahren und EXIT zu beauftragen, mir die notwendigen Mittel zum würdevollen Sterben zu verabreichen.

Meine Würde ist mir wichtig.

Mir ist bewusst, dass es keine absolut sicheren Voraussagen über den Krankheitsverlauf geben kann und dass Ärzte

sich in der Prognose über die möglichen Wirkungen und Folgen nach therapeutischen Maßnahmen irren können.
Ich vertraue darauf, dass sie nach bestem Wissen und Gewissen unter Beachtung meiner Wünsche handeln. Mein Bevollmächtigter ist berechtigt, Zustimmungen und Verweigerungen bei ärztlichen Behandlungen abzugeben.
Ich entbinde hierfür meine Ärzte gegenüber dem Bevollmächtigten von der Schweigepflicht!

Da ich den Organspendeausweis besitze, dürfen nach meinem Tode Organe zu Transplantationszwecken entnommen werden.

Ich wünsche eine umfassende Schmerztherapie ohne Rücksicht auf eventuelle Nebenwirkungen.

Mein Bevollmächtigter darf in eine Untersuchung meines Gesundheitszustandes, einer Heilbehandlung oder einen ärztlichen Eingriff einwilligen, auch wenn die Gefahr besteht, dass ich dabei sterbe.

Er ist berechtigt und darf somit über einen Behandlungsabbruch oder die Einstellung lebenserhaltender Maßnahmen entscheiden.

Mein Bevollmächtigter soll die Kontrolle darüber führen, ob Klinik, Ärzte, Pflegepersonal etc. mir trotz evtl. Bewusstlosigkeit oder Entscheidungsunfähigkeit eine angemessene ärztliche und pflegerische Betreuung zukommen lassen, die zugleich eine menschenwürdige Unterbringung umfasst.

Wenn ich meine Patientenverfügung nicht widerrufen habe, wünsche ich nicht, dass mir in der konkreten Anwendungssituation eine Änderung meines Willens unterstellt wird.

Im Falle einer hinzutretenden Erkrankung (Interkurrent-Erkrankung), an der ich ohne Heilbehandlung sterben könnte, verbiete ich jede medizinische Behandlung, die die Bekämpfung der Krankheit (zum Beispiel Antibiotika gegen eine Lungenentzündung) zum Ziel hat.

Es ist bekannt und es gibt Unterlagen darüber, dass ich schon lange für eine Änderung derzeitiger Gesetze kämpfe, die Gesetzgebung nicht akzeptiere und selbstbestimmt sterben möchte. Ich will in KEIN Heim!!

Diese Verfügung habe ich heute, am xx.xx.xxxx gefertigt und trägt meine Unterschrift:____xxxx_______

Was ist, wenn den Patientenverfügungen nicht gefolgt wird? Glaubt der Arzt das, was ich niedergeschrieben habe? Oder setzt er sich darüber hinweg, so als Herrscher über Leben und Tod? Ich möchte, dass das selbstbestimmte Sterben vom Umfeld respektiert und akzeptiert wird!

Bitte lesen Sie das am Ende des Buches aufgeführte Buch von Tilman Jens mit dem Titel *Du sollst sterben dürfen.* Der Untertitel lautet: „Warum es mit einer Patientenverfügung nicht getan ist."

Am liebsten würde ich das ganze Buch hier abdrucken!
Die Aussagen des Sohnes Tilman über das Sterben seines bekannten Vaters Prof. Dr. Dr. h. c. mult. Walter Jens ist ernüchternd! Walter Jens war ein bekannter, wortgewaltiger und streitbarer Radikaldemokrat, der sich in die Debatten der Republik eingemischt und diese bisweilen entscheidend

geprägt hat. Gerne habe ich viele seiner Reden verfolgt!

„Das gebrochene Versprechen", der erste Abschnitt des vorgenannten Buches, macht mich wütend und sehr nachdenklich! Ist alles umsonst, weil man sich über die Patientenverfügungen hinwegsetzt? Der Autor spricht von Rechtsanwälten, die nachweisbare Fälle von vorsätzlichen Missachtungen der Patientenverfügungen vorliegen haben. In Altenheimen gibt es danach die meisten Konflikte mit den Pflegeteams. Oft fällt es den Pflegern schwer, einen Menschen sterben zu lassen, um den sie sich jahrelang gekümmert haben. Obwohl meine Frau die Betreuung für ihre Mutter übernommen hat und klare Anweisungen gab, stellten wir auch fest, dass danach oft nicht gehandelt wurde. Häufig sind auch nahe Angehörige überfordert und befangen, wenn es darum geht, dem Partner, Vater, Bruder etc. einen schmerzarmen und baldigen Abschied zu ermöglichen.

Die Bundestagsabgeordnete der SPD, Eva Högl, mit der ich aufgrund meines Schreibens an die Politiker einen Schriftwechsel geführt habe, sagte 2014 im Bundestag, dass niemand mit Sterbehilfe Geld verdienen dürfe. Aber dann sollte dies auch umgekehrt gelten. Niemand darf sich durch profitgeschuldete Lebens- und Leidensverlängerung bereichern, weder das Alten- und Pflegeheim noch der Arzt noch die Pharmaindustrie etc.

Bezüglich eines neuen beruflichen Projektes war ich vor vielen Jahren in einem Altenheim. Damals hatte ich mich mit dem Thema des würdevollen Sterbens noch nicht beschäftigt. Dort zeigte mir die Heimleitung einen im Koma liegenden „Motorradunfall". Ein etwa 45-jähriger Mann lag freundlich grinsend schon seit neun Jahren im Bett. Der Versorgungsaufwand ist durch Sondenernährung geringer als bei „lebendigen" Patienten, der Ertrag aber über viele Jahre gesichert. Die Hersteller der Sondennahrung erwirtschaften gewaltige Umsätze und Gewinne an künstlich zu ernährenden Patienten.

Suizid

Der Suizid ist eine Form der Selbsttötung. Menschen entscheiden sich für diesen Weg in unterschiedlichen Situationen, auch weil das Leben zu einer Last geworden ist. Jedes Jahr töten sich alleine in Deutschland mehr als 9.000 Menschen. Man vermutet, dass mehr als 100.000 Menschen es erfolglos versuchen. Ein Großteil ist psychisch krank. Davon wiederum leiden die meisten an Depressionen. Oft spielen auch Alkohol- oder Drogenabhängigkeiten sowie schizophrene Erkrankungen eine Rolle. Aber auch viele ältere Menschen nehmen sich das Leben. Hier spielen oft Einsamkeit, Stimmungsveränderungen und Kränkungen eine Rolle.

Die häufigsten Methoden sind Selbstmord durch Medikamente, Aufschneiden der Pulsadern, Erhängen, Einnahme von Giften und Pflanzenschutzmitteln, der Sprung aus dem Fenster oder vom Dach, der Sprung vor den Zug, der Suizid mit dem Auto, Erschießen, Einatmen von Gas und der Tod durch elektrischen Strom.

Die Gründe, sich für den Suizid zu entscheiden, sind vielfältig.

Die römisch-katholische Kirche bezeichnet den Suizid als eine schwere Verfehlung sowohl gegen die Eigenliebe als auch gegen die Nächstenliebe. Zudem stehe er im Widerspruch gegen die Liebe Gottes, da der Mensch verpflichtet sei, sein Leben dankbar entgegenzunehmen und zu bewahren. Der Mensch sei nur Verwalter, nicht Eigentümer des anvertrauten Lebens, er dürfe darüber nicht verfügen. Die freiwillige Beihilfe zum Selbstmord verstoße gegen das sittliche Gesetz.

Der Rat der evangelischen Kirche in Deutschland äußert sich dahingehend, dass die Selbsttötung eines Menschen aus christlicher Sicht grundsätzlich abzulehnen sei, weil das Leben als Gabe verstanden werde, über die der Mensch nicht eigenmächtig verfügen solle. Allerdings schließe die generelle Ablehnung nicht aus, dass Menschen in einer extremen Not- und Ausnahmesituation zu einer anderen Entscheidung kommen können.

Das sehen Atheisten und Agnostiker natürlich anders. Sie betrachten die religiösen Gründe, die die Gegner der Selbsttötung und der Sterbehilfe anbringen, als irrelevant, da sie in einem modernen, säkularen Staat nicht für die Gesamtgesellschaft bindend sein dürfen, weil sie nicht an Gott glauben. Die Agnostiker z. B. gehen davon aus, dass sich die Existenz, aber auch Nichtexistenz von Gott und Göttern sowie Engeln und Geistern nicht beweisen lässt. Der Begriff Agnostiker stammt aus dem altgriechischen und bedeutet: „nicht wissen". Dies unterscheidet ihn vom Atheisten, der von einer gottlosen Gesellschaft überzeugt ist.

Viele ältere Menschen nehmen sich das Leben. Warum?

Das liegt an den sich ändernden Lebensumständen, der Körper macht nicht mehr alles mit, es ist vieles schwieriger geworden. Oder das Gehirn ist krank, vielleicht an Alzheimer erkrankt? Wie oft sieht man alte Menschen, die mit einem Rollator, den Rücken gekrümmt, unterwegs sind, sich durch die Stadt schleppen, weil sie für sich einkaufen müssen und niemanden in der Nähe wissen, der ihnen hilft. Wenn man sie anspricht, erfährt man oft, dass sie des Lebens überdrüssig sind!

Das alles kränkt die Betroffenen, häufig hindert auch Armut daran, am gesellschaftlichen Leben teilzunehmen, viele schämen sich! Oft ist kein Theaterbesuch, kein Kinobesuch oder Besuch in einem Restaurant mehr möglich. Traurig werde ich immer, wenn ich insbesondere „alte" Frauen sehe, die in Mülleimern wühlen, um Flaschen zu finden, um ein wenig Flaschenpfand zu bekommen.

Irgendwann kann man vielleicht die Kinder oder auch Freunde nicht mehr besuchen. Meine Kinder sind nur zwei- oder dreihundert Kilometer entfernt, andere Kinder oder Enkel leben irgendwo auf der Welt und kommen vielleicht alle fünf oder zehn Jahre mal nach Deutschland. Dann nimmt die Einsamkeit zu, es steigt die Gefahr des Suizids. Nicht selten nehmen sich ältere Menschen kurz nach dem Tod ihres Partners selbst das Leben.

Außerdem: In Leistungsgesellschaften wie unserer ist der Mensch mit dem Ausscheiden aus dem Arbeitsleben entwertet. Männer und Frauen verlieren ihr gewohntes Umfeld und fühlen sich nicht mehr wichtig, weil sie ihre „Position" verloren haben. Dann entsteht eine kleine Wohngemeinschaft aus Mann und Frau, die sich vielleicht nicht mehr so mögen wie am Anfang ihrer Beziehung. Man ist den ganzen Tag zu Hause, es beginnt vielleicht mit dem Wein zum Mittagessen, was früher nicht möglich war. Oft stellt man fest, dass manche auffällig viel Alkohol trinken! Was wird verdrängt, das Nichtstun, die Langeweile, der Frust, nicht mehr dazuzugehören, nicht mehr gehört zu werden, keine wichtige Entscheidung mehr zu fällen, bei der Bank keinen Kredit mehr zu bekommen? Wer es nicht schafft, neue Wege der Beschäftigung und neue Freunde zu finden, aber auch eigene Wege zu gehen, wird immer ärmer!

Hinzu kommt die Angst vor Abhängigkeit, davor, in einem Pflegeheim zu landen und dort von überfordertem Personal vielleicht lieblos gepflegt zu werden oder an „lustigen" Spielchen im Demenzgarten teilnehmen zu müssen, die man schon im Fernsehen gesehen hat und die man doof fand!

Viele behaupten, es gebe in Pflegeheimen eine nur geringe Suizidrate. Vielleicht mangels Möglichkeiten? Immerhin haben 85-jährige Männer eine fünfmal höhere Suizidrate als der Durchschnitt der Bevölkerung. Jede zweite Frau, die sich in Deutschland umbringt, ist über 60.

Der Patientenwunsch, vorzeitig aus dem Leben zu scheiden, ist ein Tabu in der Arzt-

Patienten-Beziehung. Viele denken an den Suizid, reden aber mit dem Arzt nicht darüber. Es wird auch immer von Patienten berichtet, die sich (erst) nach einer Entlassung aus einer Palliativstation getötet haben.

Liegt das an dem Arztgelöbnis, am Eid des Hippokrates? Seit ungefähr 400 v. Chr. ist die Eidesformel bekannt, mit dem Inhalt, zum Nutzen und Frommen dem Menschen zu dienen. Das ist auch gut so, aber es hat sich in der Medizin viel geändert. Auch ruft kein Arzt mehr Götter und Göttinnen als Zeugen an, und er teilt auch nicht seinen Lebensunterhalt mit seinem Professor. Also kann man auch über eine Modifizierung nachdenken! Eine neue Sterbekultur in Zeiten der weltlichen Veränderungen, aber auch in der Hochleistungsmedizin ist dringend erforderlich. Das alles verlangt Kraft und Mut. Politisches und ärztliches Ziel muss es sein, Reisen zum Sterben in die Schweiz oder in die Niederlande zu ersparen.

In Kulturen außerhalb Deutschlands, insbesondere im asiatischen oder arabischen Raum, hat der ALTE Mensch eine andere Position, weil er wertgeschätzt wird und weil er lebenserfahren und weise ist. Entsprechend geht man mit ihm um.

Abschiednehmen als Lebensthema sollte schon in der Schule behandelt werden, um es als Teil des Lebens zu akzeptieren, meint der Hamburger Facharzt für Psychiatrie und Psychotherapie Lindner. Betroffen vom Altern und Sterben sind wir alle, es gibt keinen Grund, es zu verdrängen.

Sterbefasten

Eine Form des selbst gewählten Suizids ist das Sterbefasten. Sterbefasten beruht auf einer bewussten, freiwilligen Entscheidung! Für einige ist es ein Weg, das Leben ohne Gewaltakt zu beenden, wenn Krankheit und Leiden zu schwer werden. Dieser Weg kann auch gewählt werden, wenn man „lebenssatt" ist. Ob dieser Weg als Suizid anzusehen ist, wird kontrovers diskutiert. Den ethischen und moralischen Bedenken steht das Recht auf Selbstbestimmung über die Beendigung des eigenen Lebens gegenüber.

Zu dieser Form der Selbstbestimmung gibt es u. a. das auf der letzten Seite des Buches aufgeführte Buch von Christiane zur Nieden. Die Autorin dieses Buches ist Geisteswissenschaftlerin, Heilpraktikerin für Psychotherapie, langjährige Sterbe- und Trauerbegleiterin, Ehefrau eines Palliativmediziners und Tochter einer auf diese Art verstorbenen Mutter. Sie möchte mit ihrem Buch Menschen, die sich für diese Art des Sterbens entscheiden, berechtigte Ängste nehmen. Das gilt in gleichem Falle für die Angehörigen!

Der freiwillige Verzicht auf Nahrung und Flüssigkeit, um zu sterben, ist eine natürliche Form des Sterbens. Der Tod tritt selbstbestimmt, aufgrund von Unterlassen, nicht durch eine aktive Handlung, ein. Das Buch beschreibt die widersprüchlichen Gedanken und Gefühle, die der Mensch erlebt. Das Buch soll den Menschen, die sich für diesen Weg entschieden haben, aber auch den Angehörigen Mut machen, wie ein selbstbestimmtes, würdevolles Sterben bei guter Begleitung (auch zu Hause) möglich ist.

Der behandelnde Arzt, der einen Patienten beim Sterbefasten palliativmedizinisch betreut, befindet sich im Einklang mit Standesethik und Recht, weil er nicht zum Sterben beiträgt, sondern das Sterben nur begleitet.

In den 2011 novellierten Grundsätzen der Bundesärztekammer heißt es unter anderem:
Das Sterben darf durch Unterlassen, Begrenzen oder Beenden einer begonnenen medizinischen Behandlung ermöglicht werden, wenn dies dem Willen des Patienten entspricht. Dies gilt auch für die künstliche Nahrungs- und Flüssigkeitszufuhr.

Zum Umgang mit geäußerten Sterbewünschen von Patienten empfiehlt die Deutsche Gesellschaft für Palliativmedizin DGP unter anderem, den freiwilligen Verzicht auf Nahrungs- und Flüssigkeitsaufnahme dem Patienten als „mögliche Alternative" zuzugestehen.

Sinnvoll ist, eine Entscheidung für das Sterbefasten in die Patientenverfügung aufzunehmen, damit Ärzte, Pfleger und Angehörige den Wunsch kennen. Der nachhaltige Wille wird allerdings auch durch die fortgesetzte Ablehnung der Nahrungs- und Flüssigkeitsaufnahme dokumentiert.

Der freiwillige Verzicht auf Nahrung und Flüssigkeit ist nichts Neues. Früher, ehe die „Medizintechnologie" aufkam, verstarben Menschen auf diesem Wege recht oft. Das gilt auch noch heute. Sterbefasten wird juristisch nicht als Beihilfe zum Suizid gewertet. Als FVNF (Freiwilliger Verzicht auf Nahrung und Flüssigkeit) wird diese Form abgekürzt bezeichnet. Ein selbstbestimmtes Sterben ohne Qual. Gesunde Menschen, die mitten im Leben stehen, können sich den Verzicht auf Nahrung und Flüssigkeit kaum vorstellen. Jeder kennt die Vorstellung, durstig zu sein und nicht trinken zu dürfen. Ältere Menschen, erst recht Hochbetagte, essen oft weniger und haben auch weniger Durst. Die Erfahrung aus der Palliativmedizin zeigt, dass in der Sterbephase Hunger so gut wie nicht vorhanden ist und nur bei unzureichender Mundpflege entsteht.

Aufgrund der zunehmenden Schwäche benötigen Menschen, die diesen Weg wählen, Unterstützung und Begleitung von Angehörigen, aber auch von Pflegern und Ärzten. Zumindest in den ersten Tagen sind die Menschen noch bei klarem Verstand und können Abschied nehmen oder noch gewisse Dinge regeln.

Was geschieht im Körper? Wenn der Körper keine Nahrung mehr erhält, kommt es nach ein bis zwei Tagen zum „Hungerstoffwechsel", bei dem so wenig Energie wie möglich verbraucht wird. Gleichzeitig legt sich das Hungergefühl. Nun werden die Eiweiß- und Fettreserven des Körpers allmählich aufgelöst; es kommt zum Muskelschwund. Es erfolgt die Bildung von Ketonkörpern, wie Aceton. Bei längerem Fasten schüttet der Körper Endorphine aus, das Hungergefühl wird erträglicher, euphorische Gefühlszustände können entstehen. Danach kommt es mit der Reduzierung des

Gewichts zur Austrocknung. Eine gute Mund- und Schleimhautpflege, wie Mundausspülen, können Symptome wie Durstgefühl und Mundtrockenheit lindern. Wenn der Körper keine Flüssigkeit mehr bekommt, steigt der Harnstoff im Blut an, es kommt zur Einschränkung der Nierenfunktion, der Mensch wird schläfrig und verliert schließlich das Bewusstsein. Der Tod tritt in der Regel im Schlaf durch Herzstillstand ein.

In einer Studie schätzen mehr als die Hälfte der befragten Pflegekräfte diese Form des Sterbens als einen sanften Vorgang und in der Regel als nicht leidvoll, sondern als friedlich bis sehr friedlich ein.

Das Gute am freiwilligen Verzicht kann sein, dass der eingeleitete Prozess am Anfang noch revidiert werden kann. Bei anderen Suizid-Arten ist das nicht so. Bei konsequenter Durchführung des Verzichts auf Nahrung und Flüssigkeit stirbt der Mensch in den meisten Fällen innerhalb von zwei Wochen.

ANHANG

DER SONNENGESANG

Cantico delle Creature
(Loblied der Geschöpfe)

Der Sonnengesang ist der bekannteste Text des „Troubadours" aus Assisi und zählt aufgrund seiner dichterischen Gestalt und seines Inhalts zur Weltliteratur.

Der Text entstand in altitalienischer Sprache im Winter 1224/1225, als Franziskus noch nicht heilig war und in einer Hütte bei San Damino lag.

Das Gebet ist nicht nur eine Hymne auf Gottes gute Schöpfung, sondern fordert den Christen heraus im Verhalten zur Welt und in der Annahme von Krankheit und Sterben. Aber das ist nicht für jeden so!

Der Agnostiker und der Atheist sieht das sicher anders.

Höchster, allmächtiger, guter Herr
dein sind das Lob,
die Herrlichkeit und Ehre
und jeglicher Segen.

Dir allein, Höchster, gebühren sie,
und kein Mensch ist würdig,
dich zu nennen.

Gelobt seist du, mein Herr,
mit allen deinen Geschöpfen,
zumal dem Herrn Bruder Sonne,
welcher der Tag ist
und durch den du uns leuchtest.
Und schön ist er und
strahlend mit großem Glanz:
Vor dir, Höchster, ein Sinnbild.

Gelobt seist du, mein Herr,
durch Schwester Mond und die Sterne;
am Himmel hast du sie gebildet,
klar und kostbar und schön.

Gelobt seist du, mein Herr,
durch Bruder Wind
und durch Luft und Wolken
und heiteres und jegliches Wetter,
durch das du deinen Geschöpfen
Unterhalt gibst.

Gelobt seist du, mein Herr,
durch Schwester Wasser,
gar nützlich ist es und demütig
und kostbar und keusch.

Gelobt seist du, mein Herr,
durch Bruder Feuer,
durch das du die Nacht erleuchtest;
und schön ist es und fröhlich
und kraftvoll und stark.
Gelobt seist du, mein Herr,
durch unsere Schwester, Mutter Erde,
die uns erhält und lenkt
und vielfältige Früchte hervorbringt
und bunte Blumen und Kräuter.

Gelobt seist du, mein Herr,
durch jene, die verzeihen
um deiner Liebe willen
und Krankheit ertragen und Drangsaal.
Selig jene,
die solches ertragen in Frieden,
denn von dir, Höchster,
werden sie gekrönt.

Gelobt seist du, mein Herr,
durch unsere Schwester,
den leiblichen Tod;
ihm kann kein Mensch lebend entrinnen.
Wehe jenen,
die in tödlicher Sünde sterben.
Selig jene,
die er findet in deinem heiligsten Willen,
denn der zweite Tod
wird ihnen kein Leid antun.
Lobt und preist meinen Herrn
und dankt ihm und dient ihm

mit großer Demut.

Sprachlicher Hinweis:
Im Italienischen unterscheiden sich manche Worte im Geschlecht gegenüber der deutschen Sprache. Einige Ausdrücke wie „Bruder Sonne", „Schwester Mond" oder „Schwester Tod" sind in der Übersetzung auch im Geschlecht übernommen, was befremdlich wirkt, da wir im Deutschen es genau umgekehrt sagen würden. Bei uns ist „die Sonne" feminin und „der Mond" und „der Tod" maskulin.

DANKE

Ich danke meiner Frau Uta, die meine Leidenschaft für das Schreiben versteht und mich immer unterstützt. Sie ist auch dann in meiner Nähe, wenn meine Gedanken bei schwierigen Themen sind, wenn man an Menschen denkt, die man begleiten durfte, die aber nicht mehr da sind, und manchmal sehr traurig wird.

Dankbar bin ich für die Mitarbeit meines lieben Freundes K.-P. Semler, der sich um den *Satz* und das *Cover* des Buches gekümmert hat!

Danke sage ich »meinem« Lektor Tobias Gaudin, der mich mit guten Hinweisen unterstützt und nicht nur manches *Komma* an die richtige Stelle gerückt hat.

HINWEISE

Sterbefasten
Freiwilliger Verzicht auf Nahrung und Flüssigkeit
Autorin: Christiane zur Nieden
Mabuse-Verlag
ISBN: 978-3-863-21337-4

Brief an D.
Geschichte einer Liebe
Autor: Andre Gorz
Random House GmbH
ISBN: 978-3-442-73875-5

Du sollst sterben dürfen
Warum es mit einer Patientenverfügung nicht getan ist
Autor: Tilmann Jens
Gütersloher Verlagshaus
ISBN: 978-3-579-07096-4

Selbstbestimmt leben
Wege zum Ich
Autor: Jorge Bucay
Fischer Verlag

selbst bestimmt sterben
Was es bedeutet, was uns hindert ...
Autor: Gian Domenico Borasio
Deutscher Taschenbuch Verlag
ISBN: 978-3-423-34893-5